Cubbie Azul y su perro Punto
Por Randa Handler

Publicado por:

Ravencrest Publishing 546 Flanders Drive
St. Louis, MO 63122 www.ravencrestpublishing.com

Impreso y encuadernado en los Estados Unidos de América

Handler, Randa

Cubbie Azul y su perro Punto / escrito e ilustrado por Randa Handler. – St Louis, Mo: Ravencrest Pub. C2012

P. ; cm

(Serie Cubbie Azul: Libro 1)

ISBN: 978-1-932824-24-7 (hc)

ISBN 978-1-932824-31-5 (paperback)

ISBN: 978-1-932824-30-8 (Spanish ebk)

ISBN: 978-1-932824-23-0 (ebk) Publicado por Open Road Media

Audiencia: Escuela Primaria

Resumen: Tres niños multirraciales de 7 años se hacen amigos de un ser especial con poderes sobrenaturales de una parte encantada de la Antártida: Cubbie Azul de 3 pulgadas de alto y su perro, Punto. Cubbie y Punto aprenden el verdadero significado de la amistad y cómo resolver pequeños y grandes problemas, mientras les enseñan a los niños mensajes sutiles sobre lo que está bien y lo que está mal, y que a veces se encuentran aliados improbables entre seres que parecen tener las mayores diferencias.

1. Amistad... Ficción juvenil. 2. 3. Magia--Ficción juvenil. 3. Solución de problemas... Ficción juvenil. 4. El bien y el mal... Ficción juvenil. 5. [Amistad--Ficción. 6. Magia--Ficción. 7. Solución de problemas... Ficción. 8. Bien y mal--Ficción.] I. Título. II. Serie.

PZ7.H19257 C83 2012 2012908265 E--dc23 1208

En las profundidades de Cylon, el iceberg más antiguo de la Antártida, se encontraba la tierra encantada de Baltar, con estalactitas de hielo con forma de diamante y estalagmitas que todas las luces hacían brillar. Los baltarianos de piel azul celeste siempre estaban felices, haciendo volteretas mientras caminaban y riéndose cuando hablaban. Sólo medían unos pocos centímetros de altura, pero eran grandes en conocimientos. Su conocimiento provenía principalmente de poderes sobrenaturales dentro de ellos, que eran tan fuertes que nunca tenían que decir lo que sentían ya que otros podían percibir sus sentimientos intuitivamente. Tampoco necesitaban coches, ya que sus mentes los movían a donde querían ir. Ni tampoco necesitaban teléfonos, porque se mantenían en contacto telepáticamente.

Los habitantes de la cercana Aryon eran muy diferentes. Casi siempre infelices, esperaban a que los bálticos se fueran para poder capturarlos. Querían deshacerse de la risa baltaria, aunque en secreto querían saber qué la causaba para poder ser felices también.

Los baltarianos, que sabían lo que los arios tramaban, habían construido una barrera especial alrededor de su tierra. Cualquier persona o cosa que se acercara a kilómetros de la barrera protectora de Baltar era engullida y rodeada por torbellinos de luz.

Cobalto, que vivía en Baltar, estaba a punto de cumplir ciento cincuenta años, todavía un niño para los estándares baltarianos. Aunque sólo medía tres pulgadas de altura, Cobalto tenía una larga y abundante barba, que reflejaba todos los tonos de azul. A menudo se emocionaba, especialmente en su cumpleaños, cuando el viento rozaba las nubes de cierta manera, liberando torrentes de lluvia de azúcar que transformaban la hierba en bastones de caramelo, las flores en paletas de fruta, y la nieve en deliciosos helados, haciendo el día extra especial.

En este cumpleaños en particular, todos los niños baltarianos jugaban bajo la lluvia de azúcar, excepto Cobalto, que sólo podía pensar en el regalo de su padre: una brillante nave lunar. Había pasado meses soñando con salir a ver el mundo por su cuenta. Finalmente era lo suficientemente mayor para hacerlo y lo suficientemente inteligente para saber que únicamente la nave estaba especialmente diseñada para salvarlo de cualquier peligro en lugares más allá del escudo protector de Baltar.

Cobalto estaba tan entusiasmado con su nave lunar que no prestó atención a la advertencia de su padre sobre su uso.

"Hijo", había dicho su padre, "no lo uses hasta que te enseñe a controlarla". Es lo suficientemente potente para hacer recorrer el universo, pero recuerda que fuera de nuestro escudo protector somos blancos fáciles para los arios".

El perro de dos colas y cuatro orejas de Cobalt, Punto, llamado así por su tamaño, sabía que se aproximaban problemas. Su mejor amigo estaba nervioso, caminaba de ida y vuelta, mirando su nueva nave. Punto sabía que tendría que ser muy astuto para salvar a Cobalto de sí mismo.
Más tarde esa noche, Punto, Cobalto y su novia Astra se turnaron para entrar y salir de la nave lunar.
"Astra, ¿qué puede salir mal si trato de usarla? Si algo pasa, ¡ya se me ocurrirá qué hacer!" susurró Cobalto, entrando en su nave por vigésima vez. Añadió para sí mismo: "Ronronea como el agua que baja por un arroyo de cristal en cuanto tocas los controles. Las mentes geniales de los baltarianos lo crearon, así que debe ser a prueba de fallos y diseñado para explicarte todas sus funciones".
"Pórtate bien, Cobalto. Espera a que tu padre te enseñe a controlarla", advirtió Astra. Pero un momento después, encendió el motor.

"¡Oh, no! Espérame... ¡Borrador de problemas! Huelo problemas, y necesito estar ahí contigo para poder borrarlos", gritó Punto, saltando a la nave lunar mientras Cobalto aumentaba la velocidad.

De repente, la nave comenzó a girar fuera de control y a emitir chispas fluorescentes multicolores similares a las de un láser. Algo estaba terriblemente mal.

La voz de Astra se volvía muy débil a medida que Cobalto y Punto desaparecían entre túneles de luz.

"¡Uy, Puntito, Punto, ¡lo he vuelto a hacer!" gritó Cobalto. "¡Oh no, lo volviste a hacer!" gritó Punto.

Abriendo los ojos cuando los giros finalmente se detuvieron, Cobalto gritó: "Punto, ¿hueles eso?"

"Oh, no. Está oscuro y húmedo. Estamos bajo una de esas ciudades lejanas y malolientes de las que he oído hablar. ¿Qué hay con las sirenas, el pitido, y ese horrible olor a violeta sulfúrica?" ladró Punto. Miró a su alrededor, olfateó, y luego exclamó, señalando: "¡Mira, algo que parece una puerta! Vamos, Cobalto".

Cuando llegaron a la puerta, Cobalto la abrió de un tirón. Inmediatamente, los extraños olores y sonidos se hicieron más intensos, y comenzó a entrar en pánico.
"Cobalto, mira esa pequeña estructura. ¡Chicos pequeños como nosotros podrían vivir allí! Es hora de tu polvo mágico", ladró Punto, refiriéndose a las partículas suaves que Cobalto llevaba para transportarlos por distancias cortas y, cuando era necesario, hacerlos invisibles.
Cobalto sacó un poco de polvo de su bolsillo del pecho, lo esparció a su alrededor, e instantáneamente se encontraron dentro de un basurero con una rata, y eran invisibles.

Las sirenas de Aryon estallaron: "Atención todos, un niño baltariano viaja más allá del escudo protector".
Inmediatamente, los soldados arios más fuertes comenzaron a buscar a Cobalto. "Finalmente, un baltariano será capturado y erradicaremos esa risa irritante. Le forzaremos a revelar el secreto de la felicidad. Debe ser algo que están comiendo o haciendo, y si es así, nosotros también lo merecemos", declaró un soldado líder.

P11

"Hola, soy Cobalto y este es mi perro Punto", dijo Cobalto alegremente a la rata del basurero.
"¡Fuera de aquí! ¡Este lugar es todo mío!" gritó la rata, pateando una cáscara de plátano hacia Cobalto.
"Pero... Pero.... objetó Cobalto, luchando por liberarse de la cáscara de plátano y cayendo de espaldas.
"¡Nos vamos!", ladró Punto.

" ¡Hasta nunca!" dijo la rata, desconcertada mientras los extraños intrusos desaparecían en una nube de polvo mágico.

"¡Huele bien aquí!" ladró Punto, oliendo el aire.
"Mira, Punto, todos son muy grandes. Permanezcamos invisibles por un tiempo. Recuérdame espolvorear más polvo en unos veinte minutos", dijo Cobalto, preocupado.
"Cobalto, escucha, risas", dijo Punto. "Suena como en casa. Tenemos que acercarnos más a ella. Necesitamos la risa para sobrevivir, ¿recuerdas?"

"Viene de allá" respondió Cobalto, señalando a tres niños gigantes que jugaban béisbol. "Puntito, todos son muy altos y pesados, podrían aplastarnos como bichos de hielo," susurró, esparciendo más polvo mágico a su alrededor.

"Aún no han pasado veinte minutos – Punto ha estado contando."

"Es mejor prevenir que lamentar. Pero, Puntito, mira todo este color. Es tan bonito y brillante", asombrado, Cobalto se inclinó hacia un petirrojo en la rama de un árbol.

Punto le siguió, olfateando y hablando a toda velocidad. "¿Es eso verde? ¿Es eso rojo? ¿Es eso cantar?"

"Chris, golpea la pelota ya. Pensar tanto no logrará un jonrón", instó Derek.

"Derek, ¡mira qué lindo petirrojo!" exclamó Brian, señalando en dirección a Cobalto y Punto.

Instintivamente tanto Cobalto como Punto se escondieron detrás de una rama. "¡Olvidé que somos invisibles!" susurró Cobalto, guiñando un ojo. Punto se rió.

"¡Uy!" dijo Derek, fallando la pelota mientras miraba hacia arriba.

"Vamos, chicos, ¿estamos jugando a la pelota o observando pájaros?" dijo Chris, sonando irritado.

De vuelta en Baltar, Astra estaba muy preocupada. Intentó enviar mensajes telepáticos, pero Cobalto, que normalmente respondía rápido, no respondía. ¿Será el niño baltariano que los soldados arios estaban persiguiendo? se preguntaba, alarmada.
"Por favor, respóndeme. Ayúdame a verlo. Los sabios se enteraron de la caza de los arios. Nadie ha desaparecido de aquí, excepto Cobalto. Por favor, déjame concentrarme en él", suplicó Astra, mientras miraba fijamente la pirámide localizadora que los baltarianos usaban para encontrar personas y cosas desaparecidas.
Pero la pirámide de cristal no ayudó. Los anillos de oro que normalmente giraban y centelleaban no lo hacían, y la neblina que los envolvía

desaparecía sin revelar una escena. No había rastro de Cobalto y Astra no tenía nada en lo que concentrarse.

"Cobalto", al estar riéndose, estos tres gigantes podrían ser amigos, aunque sean tan diferentes entre sí. Reír así significa que no pueden tener odio en sus corazones. Podrían ser ellos los que nos ayuden", dijo Punto. "Punto, estoy de acuerdo". Somos tan diferentes por aquí que sobresalimos. Tenemos que encontrar nuevos amigos que nos ayuden en esta extraña ciudad y que también nos ayuden a volver a casa." "¡Yo digo que los sigamos!" Sugirió Punto.
''Intentemos comunicarnos telepáticamente con Astra''
''Olfatearé alrededor para ver si puedo localizar nuestra nave lunar para que podamos regresar a casa, así fue como llegamos aquí, así que tenemos que encontrarla. Hasta entonces, mejor nos mantenemos invisibles,'' dijo Punto.

Cobalto y Punto siguieron a los chicos, explorando el entorno a lo largo del camino. Acariciaron hermosas mariposas, olfatearon flores de colores, le dieron un mordisco a un perro caliente, hicieron cosquillas a algunos pájaros y siguieron a algunas hormigas hasta un hormiguero. A pesar de su asombro por las otras criaturas, todo era enorme para ellos, así que el peligro parecía acechar en todas partes.

"Me pregunto para qué es esto?" preguntó Cobalto mientras saltaba a un buzón.

"¿Una casa para gente pequeña?" propuso Punto.

Mientras tanto, Astra solicitó la ayuda de los sabios para entender lo que estaba pasando con Cobalto y Punto.

"No puedo ubicarlo en la zona. Lo intenté en vano, incluso telepáticamente. ¿Es el niño baltariano que los soldados arios están persiguiendo?" preguntó, preocupada.

"Astra, inténtalo de nuevo", instó el Sabio 45.

"Por favor, Sabio 45, quizás con tus poderes súper telepáticos, consigas algo de información", rogó Astra.

El Sabio 45 se concentró mientras hacía volteretas, pero después de un rato se detuvo y sacudió la cabeza de lado a lado.

"¡Oh no!" Astra observó, angustiada.

Estaba oscureciendo, y aunque estaban cansados, Cobalto y Punto
continuaron siguiendo a los chicos...
al patio trasero de Derek. Los vieron capturar cuidadosamente libélulas y
ponerlas en tres frascos de vidrio con agujeros en la parte superior.
Parecía que no querían hacerles daño, aunque por alguna extraña razón
querían capturarlas.
Cobalto le dijo a Punto: "¿Ves lo cuidadoso que son de no lastimar a estas
criaturas púrpuras? ¿Cómo podrían lastimarnos a nosotros?"

Luego Cobalto y Punto subieron con los chicos a una casa de árbol en el patio trasero. Cobalto tenía tanto sueño que apenas podía mantener los ojos abiertos. Notó una taza azul en un rincón que parecía segura y acogedora, saltó dentro de ella y se durmió. Mientras dormía, pequeñas nubes hinchadas bailaban rítmicamente en el borde de la taza como si sus ronquidos fueran notas musicales.

"¡Vuelen, libélulas! Vuelen alto. ¡Donde quiera que vayan, que todos sepan que nadie puede romper los lazos de nuestra amistad!" gritaron los chicos mientras abrían sus tarros para liberar a las libélulas.

P19

De repente todo se tornó azul, y gritaron.
"Vaya, ¿qué ha pasado?" susurró Derek.
"¿Quién ha entrado aquí?" preguntó Brian, desconcertado.
"El azul sólo está aquí. ¡No hay nada azul afuera!" añadió Chris.

"Silencio, ¿oyes eso?" preguntó Derek, señalando la taza azul. Pero con estas palabras los ronquidos cesaron. Los chicos reunieron su coraje y se acercaron a la copa azul.

Sintiéndose más seguro ahora, y sin intentar ser invisible, Cobalto se levantó y caminó hacia ellos tímidamente, enrollando su barba. Hubo un silencio tan absoluto que Punto escuchó a una hormiga llamar a otra para presenciar lo que estaba a punto de ocurrir.

"¡Hola, soy Cobalto, y este es mi perro Punto! " comenzó Cobalto.

"¿Dijo perro? Pero, ¿no veo dos colas y cuatro orejas caídas?" Brian preguntó, desconcertado.

"¡Sí!" respondió Punto.

"¡El perro habla!" gritó Brian.

"Oye, ¿a quién llamas perro?", dijo Punto.

"Lo siento", respondió Derek, riéndose.

"No tengas miedo", dijo Cobalto, dudando. "Estamos perdidos y necesitamos tu ayuda. Me metí en problemas por no escuchar a mi padre,

a veces me vuelvo muy impaciente y quiero hacer las cosas en el momento..."
Punto saltó diciendo: "¡Sí, eso es cierto!"
Cuando los chicos comenzaron a relajarse, Cobalto continuó contándoles su historia.

De vuelta en Baltar, Astra seguía intentando comunicarse telepáticamente con Cobalto, pero se bloqueaba por la energía negativa proveniente de su entorno actual. Entonces, se concentró más intensamente en los anillos localizadores y empezaron a girar salvajemente.
"Por favor, déjenme ver dónde está. Por favor, déjenme encontrarlo antes de que lo hagan los soldados arios", imploró.

"Chicos, esto es genial. Los esconderemos a los dos. Son demasiado pequeños y pueden resultar heridos fácilmente. Y con los soldados arios a la caza, nos necesitan. Tal vez podamos ayudarles a encontrar la nave lunar y su camino a casa", dijo Derek.

"Deberíamos lla---marlo Cu--bbie", tartamudeó Chris, emocionado por haber encontrado una forma de ayudar a camuflar a su nuevo amigo. Cariñosamente y al unísono, Derek y Brian le tocaron el hombro y le dijeron: "¡Respira hondo! ¿Estás bien?"

"Sí, queda bien. Cubbie será!" aceptó Brian.

"¡Te ayudaremos, lo prometemos!" declaró Derek en un tono serio. Punto movió sus dos colas, mientras que Cubbie voló para besar la mejilla de Derek, lo que hizo reír al chico.

"Tengo hambre", dijo Chris.

"¡Yo también! Vamos a la cocina. Que todo el mundo me siga", respondió Derek.

"¡Cubbie realmente hambriento! ¿Hay comida baltariana por aquí?" Cubbie preguntó, tímidamente.
"¿Cómo qué?" preguntó Derek.
"Castañas con crema helada, hierba de trigo de la vía láctea, conos de araña, margaritas congeladas, destellos de lluvia helada", explicó Dot.
"¡Oh cielos, nada de eso!" Derek respondió, preocupado.

"¡Lo tengo, puede que les gusten las paletas!" Brian dijo. "Tal vez margaritas", añadió mientras Cubbie intentaba comerse una margarita.
"Cobalto, arañas amarillas azucaradas", exclamó Punto, dándole un mordisco a una margarita.
"¿Dónde? No tengas miedo. ¡Traeré la escoba!" respondió Derek, tranquilizándose.
"¿Qué?" preguntó Cubbie, confundido.
"Te encontraremos algo de comer. ¡Sé que lo haremos!" prometió Derek.

Los chicos abrieron alacenas, cajones y la nevera, sacando todo tipo de comida imaginable.

"¡Prueba la mermelada! No, mantequilla de maní. Oops, ¿qué pasa si eres alérgico a los cacahuetes. Toma, prueba la mantequilla. ¿Qué tal sopa? Vamos, Punto, huele esto y aquello", instaron. Punto olfateó, pero no dejaba de toser.
Estaban a punto de darse por vencidos cuando Punto corrió hacia el refrigerador.
"Buen chico, Dot. ¡Nos encanta eso!" gritó Cubbie mientras Punto mordió un imán de refrigerador. "¿Imanes?" preguntó Brian, desconcertado.
"¡Aceitunas rojas!" dijo Cubbie.
"¿Fresas?" preguntó Derek, riéndose.
"¡Supongo que tendremos que ir al mercado!" Dijo Chris mientras contaba las monedas de los bolsillos de todos.
"¡Por suerte tenemos suficiente para comprar algunas cosas!" añadió.

"Espera, puedo ser pequeño, pero puedo transportarnos a todos en una burbuja mágica. Se transforma a cualquier tamaño que se necesite y puede ir tan rápido como la luz. La mayoría de las veces, se congelaría alrededor de Baltar. Pero aquí su clima es hermoso así que no hay ningún problema. vengan," instó Cubbie mientras rociaba un poco de polvo mágico alrededor de ellos.

Los chicos gritaron con asombro mientras una burbuja transparente los envolvía y los levantaba a través de la ventana, hacia el cielo, sobre la casa y hacia el mercado. Todos se rieron histéricamente al ver a Cubbie hacer caras de pez en la burbuja.

Al llegar al mercado, Cubbie y Punto corrieron a la sección de alimentos congelados. Tan pronto como Derek abrió la puerta del refrigerador, saltaron dentro, entre las paletas y las bolsas de fruta congelada.

En un instante, Punto abrió un contenedor de helado de fresa y comenzó a cavar en él. "Aceitunas rojas, ñam. Puré de aceitunas, ¡qué rico! Mini Cylon, mi favorito, ñam, ñam", gritó entre lametazos.
Luego Cubbie se unió a él, y comenzaron a deslizarse por el helado como si estuviesen en esquíes, haciendo reír a los chicos gigantes. La cajera y los compradores los miraban de forma extraña, ya que no podían ver a Cubbie ni a Punto.

Ese día llovió de nuevo azúcar sobre Baltar, ya que había pasado un año desde la desaparición de Cobalto y Punto. Algunos baltarianos celebraron a regañadientes, aunque uno de los suyos seguía desaparecido. Estaban decididos a continuar la búsqueda, y se sentían confiados esperando lo mejor, ya que los soldados arios no habían encontrado ni al niño ni a su perro.

Astra miró fijamente un cono de araña, el aperitivo favorito de Coba. Recordando a su mejor amigo, dijo: "Sé que debes estar bien, Coba. Lo siento. Te encontraré, lo prometo. ¡Y le pediré a los sabios que se concentren de nuevo!"
Cubbie y Punto todavía estaban tristes por no poder encontrar el camino a casa, pero no tenían tanto miedo teniendo a los chicos a su alrededor.

Decididos a sacar lo mejor de ello, acompañaron a los chicos a muchas aventuras. Con lluvia o con sol,
la esponjosa burbuja azul los llevó a ciudades, montañas, ríos y océanos.
A medida que pasaban tiempo con los chicos, Cubbie y Punto aprendieron que la verdadera amistad viene en todos los colores y tamaños, especialmente cuando confías en tu corazón y te rodeas de risas.

Durante todo este tiempo, la nave lunar no aparecía en ningún lugar. A veces, en una noche clara, podían oír la voz de Astra dándoles algunas noticias de casa. Cubbie sonreía enormemente, y Punto movía la cola, recordando cómo habían sido sus vidas en Baltar.

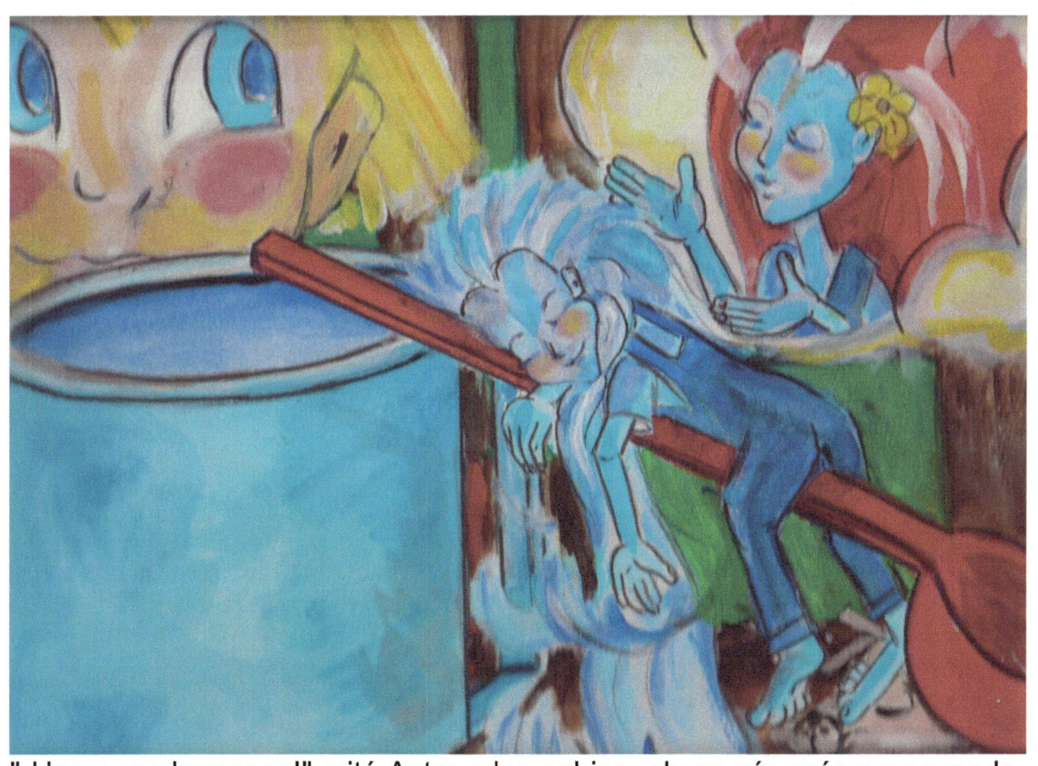

"¡Han pasado meses!" gritó Astra a los sabios, ahora aún más preocupada por lo que pasaba con Cobalto y Punto.

" Niña, él está a salvo. Tres gigantes bondadosos lo están protegiendo. Ya lo vemos. Pero no podemos localizarlo. Las señales están demasiado lejos. Y aunque no puedas oírlo o verlo, él puede oírte. Tu conexión con él es así de fuerte. De eso estamos seguros, niña", dijo el Sabio 45 de manera tranquilizadora.

"Así que continúa tu transmisión telepática. Dile que, si sus esfuerzos por volver antes del verano fracasan, tendrá cuarenta y ocho horas en junio, en las que el clima será el adecuado para que la burbuja llegue a Baltar sin congelarse".

Las estaciones pasaron. Los chicos, Cubbie y Punto se volvieron inseparables. Aunque Cubbie todavía soñaba con volver a casa, se dio cuenta de que aún no era posible. Y al menos sabía que si Astra no podía encontrarlo, ni los soldados, los chicos lo protegerían hasta ese día de junio en que tendría la oportunidad de volver. Mientras tanto, entre semana Cubbie se metía en el bolsillo trasero de los vaqueros de Derek y viajaba con él a la escuela. A veces él o Punto se subían al hombro de Derek para saludar a una mariposa o a un pájaro. Otras veces lo hacían sólo para hacerle cosquillas a Derek con un beso y para oírle reír.
Fin